JÜRGEN RENNERT

Hoher Mond

GEDICHTE

UNION VERLAG
BERLIN

Mit 12 Federzeichnungen von Walther Petri

ISBN 3-372-00278-4

«. . . Lasst uns niederfahren
in der Sprache der Engel
zu den zerbrochenen Ziegeln Babels.»

Peter Huchel

I

Seltsames Singen

Nie besser als
Mit dem Messer an der Kehle,
Nie freier als
Mit gefesselten Händen und Füßen,
Nie klarer als
An den Wassern der Trübsal,
Nie jünger als
Im Steinalt der Klage,
Nie menschlicher als
Unter Gottes drohendem Kehrbild.

Seltsames Singen,
Unser Geheimnis
Im Geheimnis des Psalters.

Im Schloss

Ich spreche mehrere Sprachen in meiner,
Das macht, daß ich bin, der ich war, der ich werde,
Sein könnte, nicht war und nicht werde, nicht bin.
So regiert Sprache den Raum und die Räume,
Zutritt zu diesen gestattend, verwehrt sie
Bei Strafe des Todes den Eintritt in jenen.
So liebt Sprache den Menschen, denn was sie
Vor ihm und seinen Sinnen sorgsam verbirgt,
Ist der Reflex des eigenen Nichts und der Leere
Im Spiegel verbotenen Raumes, den er, wenn Sprache
Vermeintlich entschwindet, sich öffnet, den Schlüssel,
Das Bein schnell erdrosselten Vogels Geduld,
In den im Nichts sich verlierenden Händen.

Wo ist sein Schatten, und wo ist Schlemihl?

Ruckedigu …

Einzig der Raum. Jede längst
Vollführte Bewegung noch immer
Zu spüren, zu orten.
Jenseits der Zeit, ihr entgegen,
Unsere Warte.

In Kopfhöhe oder darunter
Kein freier Platz. Auf überfüllten
Wegen verwehten Rauchs und der Macht
Das schluchzende Schlurfen
Genormter Pantinen.

Blut ist im Schuh. Und Vorsicht
Geboten. Nichts vermag Zeit
An der Länge, der Kürze
Des gläsernen Schuhs. Treppabwärts
Haftet die klirrende Sohle in Pech.

Kardiogramm

Langsam vergleitende Stille, Geräusche
Signieren das endlose Blatt.

Ich renne hinüber, herüber, hinüber,
Wieder zurück . . .

Die Lotrechte steten Wechsels –
Unstet und flüchtig sollst du sein! –
Zähnt die hauchdünne Folie.

Langsam vergleitende Stille, das Rauschen
Fallender Bäume verdunkelt
Den sich lichtenden Wald.

Damokles

Zwischen zwei Schritten
Der Zweifel,
Unter zwiefachem Zweifel
Kein Schritt.

Nur der elende Glanz
Auf Damaszener Doppelklinge
Über dem geräumigen Bett
Des Erinnerns, Entweichens,
Vergessens.

Versiegelte Zeit

Die Brüder: Statisten, und unser Leid
Gedoubelt von der Megäre.
In Mythen versiegelt, schreitet die Zeit
Greifbar durchs ungreifbar Leere.

Felsdruck des unverspürten Gewichts
Auf den gedachten Flügeln,
Bluten kastrierten himmlischen Lichts
Über Attikas Hügeln.

[Uranos, der seine Kinder verbarg,
Kronos, der Sohn, der ihn schlachtet,
Gaia, die Mutter, das Weib und der Sarg,
Die es mit Wollust betrachtet.]

Glückliches Zeitalter: Fama und Rauch
Im Gedächtnis aller Gequälten,
Entstiegen dem blutgeschwängerten Bauch,
Dem sie sich sterbend vermählten.

Hochzeitsjubel, Tanz, Klagegeschrei,
Dazwischen ernüchtertes Staunen,
Statisterie in dem großen Vorbei
Wiederkehrender Launen.

Und der versichernde Griff nach dem Stein,
Der Metapher des Absoluten
Im messerschärfenden, wetzenden Sein
Und seinem Insichverbluten.

Die Vögel

Für Katharina

Metaphern zwischen grünen Differenzen.
Der Wald tritt licht und ungefähr
Erkennbar über seine Grenzen
Und treibt die Vögel vor sich her.

Den Vogel Schlaf, den Vogel Stille,
Den Vogel Schrei, den Vogel Zeit . . .
Das zirpende Radar der Grille
Gibt ihnen lange noch Geleit.

Sie fliegen. Und das heißt: Sie treiben
Den Städten zu, die schneeweiß stehn
Und deren Himmel sie beschreiben
Mit Zeichen, die im Flug vergehn.

Des Abends ziehen Trupps von Bäumen
Lautlos in Vorstadtstraßen ein,
Besetzen Trottoirs und träumen
Sich konspirierend durchs Gestein.

Und finden Halt im bodenlosen
Zuspruch des feingekörnten Sands,
Der Städte trägt, die blassen Rosen
Des grün- und ockerfarbnen Lands.

Die Vögel fallen aus den Kronen
Und stürzen rücklings himmelan
Und nehmen über den Balkonen
Gelassen Kurs auf ihre Bahn.

Frühlicht

Das greinende Singen der Säge
Im sperrigen Frühlicht.
Einer führt, einen schneidet
Das gezähnte, gezinkte Blatt.

Die Rose ist mehr als die Rose
Auf dem verlassenen Tisch,
In einem Weinglas neben
Dem leeren Platz für die «Zarten
Knöpfe» der Gertrude Stein.

Im sperrigen Frühlicht das Klirren
Des Glases, die Hand, der allmähliche
Schnitt und die seltsamen Kreise
Einander wie nicht berührender Jahre.

Das Blatt schneidet
Vom letzten zum ersten zum letzten.

Die Höhlung

Das kostbar Geheime: todverschattet
Am Grunde des Stroms meine Höhlung,
Die unteren, traumschweren Wasser
Stürzen mahlend hinein,
Entkräftet hinaus.

Aus der ambivalenten Lage des Schwimmers
Reißt es mich über dem kostbar Geheimen
Strudelnd hinab, wo ich endlich
In infinitum sage, was
Ich nicht weiß
Mehr.

Ritual

Die schuldbeladenen Wörter
In die Wüste schicken. Ihren
Horizonthin entschwindenden
Säulen aus Staub
Erleichtert nachsehen.

Letztmals, vom Niere und Milz
Jählings durchbohrenden Horn
Trappelnd präsenten Neins
Ergriffen, ja sagen.

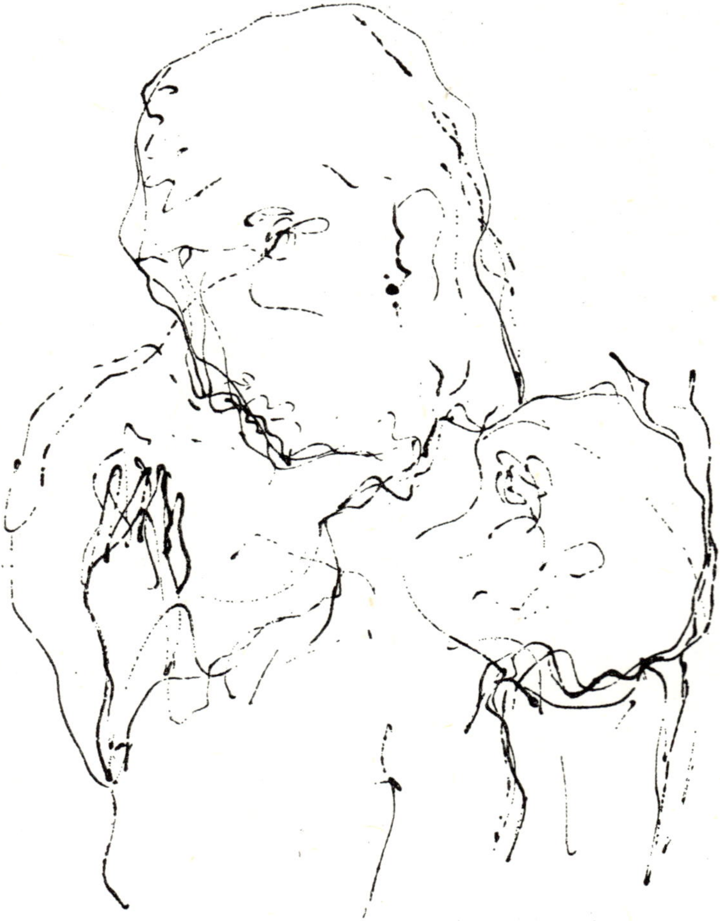

II

Kahlschlag

Die übriggebliebenen Kiefern und Fichten
Einst großer Versammlung in frühen Gedichten
Fällt nun die Schärfe auch meines Verstands
Vor ihrer Zeit in Res-Ignoranz.

Schweigsamer Winter

Schweigsamer Winter, die freien
Vögel sind ohne Haus und in Furcht
Um das Tägliche. Aber sie bleiben.

Wir bleiben auch und öffnen
Verschneite Fenster, schlagen mit klammen
Fingern die Saiten
Der nutzlosen Harfe, versuchen ein Lied.

Schweigsamer Winter, die Ohren
Liegen betäubt und bestochen
Unter der weißen
Decke aus Furcht und aus Schnee.

Wer da noch singt,
Muß sehr frei sein, bar jeder
Möglichkeit, die ihn entrückt.

Hoher Mond

Kalter März. Hoher Mond. Die verfluchte,
Erwünschte Klarheit hockt klamm
Und bläulich schwarz auf den Zäunen
Direkt beim Eisenbahndamm.

Wir fahren. Du fährst nicht. Ich fahre.
Wir essen. Du hast nicht. Ich fress'
In einem traumhaft wahren,
Doch mäßig geheizten Express.

Der schöne Zug des Erinnerns
Jagt sinnlos und unheimlich leer
Dem Zug meiner sicheren Ankunft –
Ich komme, du nicht – hinterher.

Augenschiffe

Für Hannelore Teutsch

Wogen grünender Kronen, die Schiffe,
Überflutet von baumhohen Wellen
Tosender Vögel, umfahren die Riffe
Letzten Winters im schattenlos Hellen.

Gleißendes Überstürzen: Kaskaden,
Blühend im weiten Kastaniengeäst,
Weiß wie die Unschuld aller Tiraden
Schwarzgefiederter vor ihrem Nest,

Wenn der Wind mit schleifendem Flügel
Junge Vögel vom Nestrand streift
Und ein Rappe mit hängendem Zügel
Schattentrabend die Netzhaut ergreift.

Augenschiffe mit zarten Skeletten,
Flaumfedern, jungen Katzen an Bord,
Sanftem Geklirre zahlreicher Ketten
Und dem leisen Wissen um Mord.

Mitten im Wogen grünender Kronen
Unbenennbares Rot und ein Blau
Und eine Sehnsucht, in Nestern zu wohnen,
Und eine Furcht vorm schleichenden Grau.

Metaphorisch

Von Erde zu Erde. Die Metapher bin ich.
Das Ahnen unserer Ahnen im
Unschlüssigen, nicht geschlossenen
Bild einer Ahnung: Ich
Bin die Metapher. Von Mund zu Mund.

Von Bild zu Bild scheine ich auf
Und hindurch. Reduziert auf die Syntax,
Bin ich unnennbar, ungreifbar,
Verloren von Erde zu Erde. Erst
Was ich sage, sagt mich.

Weder Pfosten noch Tür, doch im Dunkel
Der Spalt. Das Durchscheinende
Verrät ihn, verrät uns. Unmetaphorisch
Sind wir Labiale. In stummer Erwartung
Vokalisierenden Lichts. Von Himmel zu Himmel.

Berlin-Buch

Büsche des noch nicht erblühten Jasmins
Unter erloschenen Klinikumfenstern
Bieten der Hoffnung Asyl. Und sie nimmt's,
Leitern des Schweigens hinauf und hinab
Steigend, den alles umgreifenden Arm
Voller Gewächse, bis Juli, August,
Auch noch September, in Anspruch und stirbt.

An Claudia

Wir sind nicht, wir werden. Ein sanftes
Bild auf russischem Grün: die unsterblichen
Puppen aus Großmutters Tagen. Gehängt vor die Tür
Unsres verborgenen Schlafes. Erst gestern
Weinte mein Freund: «Ach, mein Freund,
Tot ist er, tot, und war sanft, war zu sanft
Wie alle echten Radikalen ...»

Kein Winkel im Zimmer auf Erden, wo nicht
Hinfolgt der Blick. Wer schaut da aus welchen
Sorgsam gezeichneten Augen auf wen und in wessen
Offenkundig dunkles Geheimnis? Niemand
Ist Gott. Gott ist niemand. Von nirgendwoher
An bezeichneter Tür sein unausweichlicher
Blick, seine sanfte, gewaltsame Stimme.

In André Tahons «Compagnie Marottes de Paris»
Gibt es dich, Claudia, noch einmal.
Vom Meister sicher geführt,
Fasziniert Monsieur Papotin
Homophile Mönche und Massen. Ach, wie normal
Ist der bulgarische Bruder vergangenen Sommers, der
So sterblich verrückt war nach dir.

Mirjam

Mittags, kurz vorm langen Abschied, Fernweh und Begehren,
Insulares Traumland, das geschaute und stets selbe,
Rückzurufen, von dem späten Wunsch berauscht,
Jenes Bild zu teilen, wenn im fast schon Menschenleeren
Ahlbecks dunkelblaue Mondin sich ins herbstlich gelbe
Meer stürzt und die Farben mit ihm tauscht . . .

In unverhohlener Blösse

In unverhohlener Blöße
Sich dreistämmig selbst
Umarmend: der einzige Leib
Einer Weide am sterbenden
Fenn.

Im Vokabular maskierter
Zärtlicher Selbsterfahrung
Zwei oder drei offene Wörter
Für den Blick durch das fragliche
Bild auf die Landschaft.

Sprosser

Für Christa

Rezitativ und Koloratur. Im sensiblen
Stakkato des Marders der Regen
Auf tönenden Ziegeln. Alarmiertem Gehör
Wächst inmitten sich weitenden Dunkels
Entwarnend die Lilie.

Zwischen nächtlichem Singen einzigen Sprossers
Und allmorgendlichem Prélude
Zahlloser Vögel augenblickslang
Die melancholische Stummheit unwiderruflich
Sich vollendender Frühe.

Vorm verblassenden Fenster des Halbschlafs
Im nassen Gezweig vielleicht letzten
Von dir nicht gepflanzten, niemals erblühten
Blühenden Baums filigran das Geflecht
Einer leeren Voliere.

Am Fenster

Auf und davon gehen oder
Am Fenster stehen und bleiben.
Alternativen. Dazwischen
Nichts als der Trugschluß der Scheiben.

Wirklich, da ist kein Entkommen.
Unter dem hohen Konkav
Bleibt, selbst wer flieht, noch im Brennpunkt;
Nichts, was nicht ihn auch betraf.

Die wechselnden Lichter des Himmels
Orten und stellen noch jeden
Unter das Zielkreuz, bevor sie
Ihn zur Flucht überreden.

Getroffen werden und treffen.
Die Strahlen durchdringen die Haut.
Sehnsucht lodert zum Himmel,
Der eine Salve lang blaut.

Auf und davon gehen oder
Am Fenster stehen und brennen.
Alternativen. Dazwischen
Scheiben, die längst nichts mehr trennen.

Tagebuch

Für Peter Gosse

Das hinterlassene Rauschen des immer
Eben Verfloßnen im Rascheln
Der Feder, des Laubs, der vergilbten,
Veraschten, verstreuten Seiten
Vorm fassungslosen Container im Wind-
Und Regenwetter. Winterhin
Schneit's lautlos und weiß. Unter kahle
Bäume pinkeln Hunde Blüten
Gelber Astern. Ich
Habe das erlebt.

III

Der Vogel Reiling

Der Vogel Reiling
Und der Vogel Hölder,
Das heilignüchterne Wasser
Und das wirkliche Blau.

Tübingen oder das eine
Und andre Exil. Wie schnell
Gehen die Zeiten,
Wie bleiern die Zeit.

Weiß auf dunkel verhangenem
Himmel die Urschrift der Zeilen,
Lineaturen bestechend
Unbestochenen Seins.

Farn, Traum, Gespräch

Farn, Traum, Gespräch
Im bewaldeten Gaumen, die Runen
Des Schabeisens im kapitulierenden Blick.

Was soll, zwischen unvergleichlich
Erhabnen, erhobenen Kronen, ihr Himmel
Mit uns Niedriggeborenen schwätzen und tun?

Freilich, des Abends, wenn wir
Den nicht uns erhörenden Himmel im Schlafe
Verschmerzen, steigt er herab, füllt schwarz die Leere.

Wer ihn da sieht, erkennt
Auch, daß er nicht mehr er selbst ist,
Die Sehnsucht, zu der er tags aufrief, verging ihm

Für entbehrliche Weile, die uns
Not tut, denn unser Schlafen und unser Wachen
Dauert uns, denn es dauert nur kurz.

Kaum erhebt sich der Blick
Über die Nester des Kopfes, die Füße
Irren im Kreise, das Herz möchte immerfort fort.

Rekapitulation

Für K. C. H.

Stehenden Fußes, gelähmt, Campanella,
Civitas solis, der Regen hängt schwer,
Tageverdunkelnd und erdebefruchtend
Über dem Lande und schwemmt nicht ab.

Geduld, mein Freund, nur Geduld, geschwinde
Trocknen die Lüfte! Von deinen Tagen,
Tröpfelnden, prasselnden, bleibt kaum ein Rand
Staub im leichten Gewebe der Zeit.

Freilich, durchschossen von dunkleren Fäden,
Finden sich Brandlöcher, Blutflecken. Doch
Alles in allem ist's schon ein Stoff
Gerad wie gemacht vor die Augen der Bürger.

Seht die verschleierten Häupter! Es lassen
Lichte Gedanken sich leichter im Dunkel
Finden und greifen. Im Finstern erst dämmert
Gleichheit nicht als Parole und Wunsch,

Sondern als der Ansprüche erster
Auf der sensiblen Netzhaut verpichten
Herzens, uns überflutend, uns auf.
Stehenden Fußes schon geht: Campanella.

Allmählich, immerfort

An Erich Arendt

Es brennt der Faden der Erinnerungen
Allmählich, allmählich
Und letzten Endes werden wir
Geb's Gott
Steinerne Lichte sein am Ufer des Meeres.

Einmal vielleicht gedenkst du
Des erstarrten Vogels
Dessen Herz derart schlug
Dessen Seele
Derart vor Sehnsucht verging ...

Nicht Stacheldraht
Ließ ihn erstarren und nicht allein
Die Mauer war schuld, sondern
Das, was er immerfort hörte: das Kaddisch
Der Väter nach all ihren Träumen.

Das klang ihm in den Ohren, das
Ließ ihn nicht auffliegen wie es
Einem Vogel gebührt. Immer
Ist der Mensch vogelfrei, von daher
Lebt er in Lüften.

Es brennt der Faden der Träume
Immerfort, immerfort
Und letzten Endes werden wir
Geb's Gott
Leuchtende Steine sein am Ufer des Meeres.

Kabbala

Leuchten der Konsonanten im tiefen
Traumlosen Schlaf versunkener Welt.
Über den Scheffel der Wörter gestellt,
Halten sie wach, was jene verschliefen.

Richter, Gerechte, die unterm schiefen,
Asymmetrisch sich wölbenden Zelt,
Ganz von dunkler Bedeutung erhellt,
Künftiges aus dem Vergangenen riefen.

Vokalisiert durch erinnernde Punkte:
Einer und sieben mal drei Konsonanten.
Knospe und Vater sind Alef und Wet.

Immer erweist das Entgegengefunkte,
Kommen bezeichnend in allen Varianten,
Als Palindrom sich im späten Sonett.

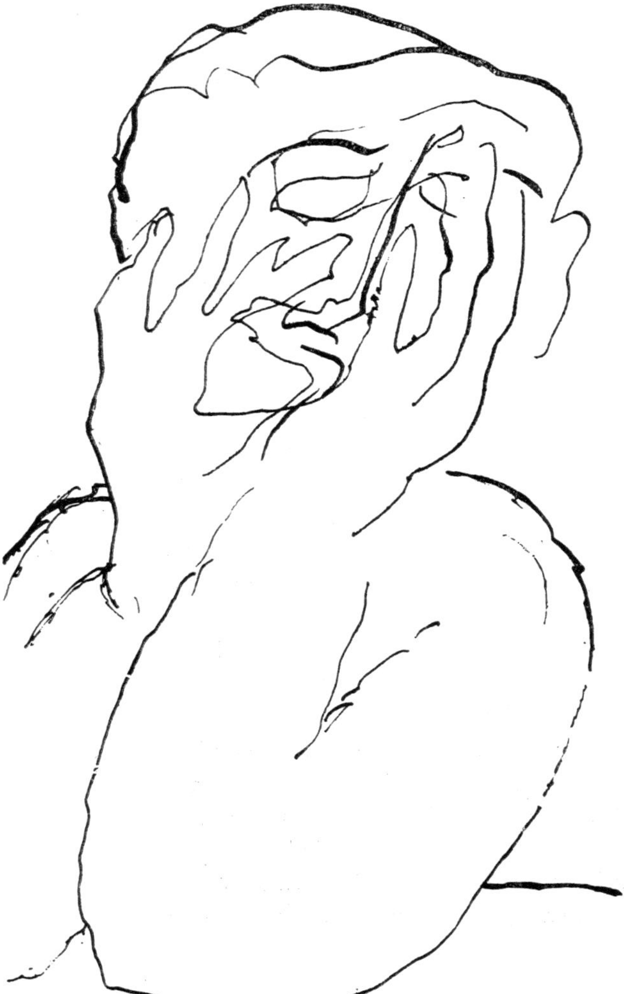

Adrabe

Abends, wenn Mutter Rußland den Birken
Das Visum erteilt, flaggt mein westliches Fenster
Rot seine Scheiben, ich gebe
Drei Löffel Tee in den Topf, Gott schenkt Wodka
Ein in zerbrechliche Gläser, die Leuchter
Aus Riga und Witebsk, mit schwarzen
Kerzen bestückt, sagen Kaddisch
Nach den erschlagenen Söhnen, es müßte
Adrabe, umgekehrt sein . . .

Konjunktivischer Imperativ, den die Väter,
Männer wie Eichen, verachten. Was heißt ihnen
Müßte? und sollte? So spricht nur, wen Planung,
Kategorisch planierendes Wollen, ins gläserne Auge
Gefaßt hat als die entbehrlich erscheinende Größe.
Sie planen das Kleinste und kommen zuweilen
Durch kleinere Fehler noch um den totalen
Erfolg, werden spät von Entsetzten, nie vom Entsetzen
Ergriffen, glorios verascht in die Winde verstreut.

Die rauhe Hülse um, sagt abends mein Hölder,
Den Kern des Lebens und nichts
Weiter ist der Staat. Ist die Mauer
Um den Garten menschlicher Früchte und Blumen.
Aber was hilft, fragt er sich fort, die Mauer,
Wo dürre der Boden liegt, um den Garten?
Da hilft der Regen vom Himmel allein.
Unglücklich glücklicher Hölder, schautest
Zur Hälfte nur, was du im ganzen uns wußtest.

Marktplatz in S.

Neugotische Zinne pastellfarbner
Fassade. Geharnischt
Und immer obenauf: der jeweils neu
Vergoldete Reiter.

Unter abschilferndem Blattgold billigen,
Träume in Schäumen erstickenden Traums
Tritt das gegerbte, regulierende Schutz-,
Sinnes- und Atmungsorgan
Lebenslang mobilisierten,
Kreuz und quer und gegeneinander
Aufmarschierenden, auf-
Kreuzenden Fußvolks, von ihm
Morgens zu Markte getragen,
Glanzlos alltäglich zutage.

Unter rosig erwachender Haut
Das neualte Fleisch, visitiert und gemustert
Vom blicklosen Helm geharnischten,
Atem- und sinnlosen Reiters der jeweils
Neu sich vergoldenden Macht.

Lichtflügler Hoffmann

Für H. T. E. A.

Schattenschwinge Angst: Sollst
Keinen anderen Flügel mehr
Über dir wissen noch an dir.

> Hofrat Knarrpanti, ein Mann
> Von ungemeiner Sagazität, versichert
> Noch immer dem Rat der Stadt, daß,
> Sei der Verbrecher erst ausgemittelt,
> Sich das begangene Verbrechen
> Von selbst finde.

Schattenschwinge Angst: Auf der Suche
Nach drittem, fünftem, siebentem Ohr
Hat dich das ungerade
Auge im Auge. Im Schallosen noch
Echot deine Stimme. Von Zwölfen
Immer der Dreizehnte. Vom ungesagten
Wort die geheime Struktur.

> Was sind alle Signalements in den Kladden
> Der Sûreté gegen – zum Beispiel –
> Die Signalements an den Wänden der Höhlen
> Von Altamira oder Lascaux?
> Schnellverblassende Undeutlichkeiten,
> Stereotype Indiskretionen über identifiziertes,
> Jedoch nicht als solches erkanntes Subjekt.

Hoffmann, Kammergerichtsrat in Preußen,
Kompositeur, Maler, Poet, entzieht sich
Durch attestierte tödliche Krankheit
Wiederbelebtem Disziplinarverfahren, diktiert
Auf der Couch des Prokrustes «Des Vetters
Eckfenster», endet eröffnend:

Wenn es auch jetzt – Et si male nunc,
Non olim sic erit! – schlecht geht, wird es
Dereinst nicht so sein.

Schattenschwinge Angst, lichtscheuer Flügel
Lichtgeiler Macht! Macht
Und Ohnmacht dirigierenden Körpers, der schnell,
Kleinsten Mißerfolgs müde, dich hängen läßt. Wenn
Sich ein Einziger dir nur versagt, observiert
Der andere Flügel, die Lobby bei Hof
Schon dein Versagen! Wenn es auch jetzt
Gut geht, wird es dereinst nicht so sein.

Glücklicher Vetter! Unauffindbar, unausforschbar:
Lichtflügler Hoffmann, E. T. A. H.

Über den Zeilen früherer Dichter

Unter farbige Schatten und Lichter
Spät erwachenden Frühlings geneigt,
Seh ich das Lächeln der früheren Dichter
Schamlos im Freien. Nichts Freieres zeigt
Unter der Sonne sich als das Gedachte,
Kalligraphie und verstiegener Rauch.
Wenn das Eis unterm Lachenden krachte,
Wuchs das Verschlingende auch.

Unter dem Schatten früherer Dichter,
Dem Licht ihrer späten Zeilen geneigt,
Seh ich ihr Lächeln. Und das Gelichter
Schamlos im Freien. Nichts Freieres zeigt
Unter der Sonne sich als das Gedachte,
Kalligraphie und verstiegener Rauch.
Wenn der Bedrohte die Drohung verlachte,
Wuchs ihm das Rettende auch.

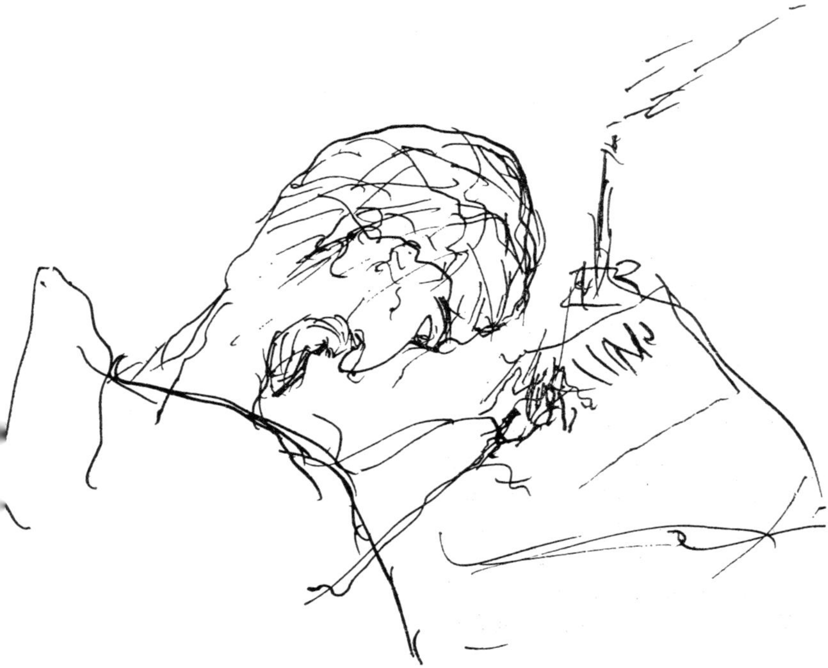

Labyrinthisch

Für Jens Sparschuh

Jenseits. Schiller. Jenenser.
Kant, Klops und Haken, doch kein
Corpus sanus in Mensa.
Jenisches: Schweifen und Sein,
Greifen und Grünen. Der Wald.
Förster. Elisabethanisch.
Also sprach sie. Und kalt
Entmannt sie den Perser osmanisch.
Preußisches Blau. Ohne Sorgen.
Sansculottisches Heer.
Lieb war der König. Bis morgen.
Spießrutenlaufen. Voltaire.
Volta. Volte. Voltige.
Ariadnefaden. Strick. Seil.
Menschenskind, mach ne Flieje.
Ha[r]mann. Magus. Mit Beil.
Unendlich schlüssig. Auf was
Andres als Mauern trifft er?
Kein Ein- und Ausweg. Parnaß:
Was bleibet, dichten die Stifter.

Gábor

B'reschit bara Elohim
Et ha-Schamajim w'et ha-Arez:
Pest und Buda, Norden und Süden,
Die herrenlose Burg und den breiten
Rücken der Duna.

Osten hieß er den Morgen,
Westen den Abend, am Vörösmarty tér
Ruhte er aus und schuf das Gerbeaud,
Setzte sich nieder, erhob sich und sah,
Daß alles gut war.

Doch Gábor verlangte die Rechnung,
Zahlte und drängte zum Aufbruch.
Da zürnte Gott, daß es den Kugler zerriß
Und die Platten der Tische versteinte.
Klirrend zersprang das Licht in den Lüstern.

Kati und Gyurka

Rouge-et-noir, der gelehrige
Rabe aus Györ und sein großes
Dünnhäutiges Mädchen unter dem polyglotten
Pfingst- und Schowuaus-Blau magyarischen Himmels.
Omen est nomen: Tannenwald: Fenyves.

Also nannte sich Katis
Vatersvater nach dem ihm Schönsten,
Józsas Gyurka ergreift die ihm Schönste
Unter der Himmels-Chupe im siebenten
Stock und lehrt sie Geduld und Verwandlung.

Auf schmaler Balkonbrüstung über
Der Szemere utca bauscht sich das lange
Nachtblaue Kleid, Gyurkas Schwingen
Schlagen die Angst in den Wind, rot geht Sonne
Unter und auf in Katalins Haar.

Timár

Mit Georges im doppelt so alten
«Százéves». György Timár –
Glänzend gespielt von Brasseur –
Als jugendlicher Gabin. Und in Rennerts
Maske: ein sehr burschikoser Cocteau.

Im Rücken: zart und zeitlos
Die Cinéastin – Françoise Sagan avec
Juliette Greco –, in unverwüstlicher
Schüttelfrisur ihr gegenüber: geschönt
Das Idol ewig junger Kritik.

Timár präsentiert sich französisch als Ágnes:
«Quand d'un dieu je fis la sculpture . . .»
Rennert, ungelenk deutsch und jüdisch, als Magda:
«Jenseits der Dreißig . . .» Singend zieht Timár
Als Moser mit Rennert zum Spiel-Club zum P. E. N.

Zizi

Als Umworbene von
Margit Kovács entworfen,
Geformt und lasiert
In Szentendre, dauert
Das Brennen lebenslang an . . .

Sechs rote Gladiolen. Fünf
In der Vase beim Spiegel. Zizi
Liest die unglaubliche Schrift
Nahe beim Fenster:
«Je suis très bien!»

Drei Zimmer im ersten Geschoß –
Ein Pater noster im Paternoster –
Und nur eine Tür. Welche Dame
Du immer auch suchst und begehrst:
Zizi ist allen verschwistert.

Magda

Wie Allerweltsunschuld:
Budapests Brücken, Israels
Mondin, das Sterbegewand,
Die Summe von Blau, Grün und Rot:
«Meine Wüste ist weiß . . .»

Zwischen zwei sagbaren Zeilen
Raum für mehr als ein Blatt.
Nichts mehr darüber.
Mit und nicht auf
Der Duna trieben sie fort . . .

Weißes wächst, wo du dunkel
Und verschlungen noch wohnst.
Im Verschlossenen rieselt
Mein Anteil am tröstlichen Ocker
Wirklichen Sandes wirklicher Wüste.

IV

In den Sand gesprochen

In den Sand gesprochen, die Schleifspur
Entschwundener Wörter im Ohr, die Farben
Verlorener Welten im hirnlosen Herzen.

In die Lüfte gemalt, das Gelärm
Erloschener Flecken, das leise Verwischen
Fliehender Linien im blicklosen Auge.

Mit vollen Händen ins Leere
Gegriffen, ein sich vermehrendes Nichts
Im unüberdachten herzlosen Hirn.

Garten des Schweigens

Im Garten meines Schweigens
Blühen die finstersten Blumen schön auf.

Deutsche Tauben aus deutschem Märchen –
Einmal rechts rum, einmal links rum –
Hacken meiner von mir erkannten,
Verratenen Schwester
Fein säuberlich beide Augen aus.

Ich liebe die deutschen Tauben,
Weil ich sie fürchte.
Auf sie ist mächtig Verlaß.
Meine blinde Schwester nenne ich Hoffnung.
Wo ich das Ende schon sehe,
Sieht sie noch nichts.

Dicht vorm Zaun krieg ich sie rum,
Daß ihr die Richtung vergeht.
Und sage dann: Komm vorwärts.
Zurück geht es viel leichter,
Die Blinde hat ein Gespür für das Offene
Im geschlossenen Kreis.

Im Garten meines Schweigens
Blühen die finstersten Blumen schön auf,
Geht ein Prinz im Kostüm
Der Schwester ein und umher.

Closed

Station 4 B, Griesinger

I

Die riegellosen Gitter,
Durch die ich tags, nachts seh,
Verriegeln die Gewitter
In mir und lassen Schnee
Sanft falln auf meine Zweige
Und Äste, die ich hab.
Wenn ich auch falle, steige
Ich doch hinauf hinab.

Die Pfleger machen Späße
Und schneiden dem ins Haar,
Der sich nicht wehrt. Gefäße
Sind wir für das, was war,
Was aus uns werden wollte . . .
Die Pfleger machen Spaß,
Ich bin die eingerollte
Fahne aus Glück und Glas.

II

Die mich nicht liebt, will mich erziehen;
Der, die mich liebt, will ich entfliehen.

Die mich nicht liebt, sagt mir kein Wort,
Und die mich liebt, kennt nicht den Ort.

Die mich nicht liebt, liebt mich vielleicht
So wie ein Wind die Segel streicht.

III
Abends redet Garz oder Garzi,
Der Junge mit den Drillingen im Bauch,
Seiner längst schon verblühten
Rose in einer leeren
Bitter-Lemon-Flasche gut zu.
Paß auf, sagt er, die Blumen
Müssen es ohne, verstehst du,
Wasser schaffen, aus eigener Kraft.
Ich nicke.
Die Sonne, sagt er, hier
Ist das Neon da oben. Da-
Hin wird sie sich drehen. Siehst du?
Ich seh, daß ich nichts sehe, nicke,
Lasse den Kopf meinetwegen
Bloß etwas hängen, da
Dreht Garz oder Garzi die Rose ins Licht.

IV

Hinter Gittern verdämmern
Oder verfliegen davor:
Nebelkrähen, von Lämmern
Belauert, umkreisen das Tor.

Plötzliches Rollentauschen:
Die Lämmer fliegen dahin,
Hinter den Gittern verrauschen
Beflügelte Melancholien.

V

Sanftes Regnen einer unerhofft
Milden Novembernacht häuptlings
Hinter dem Fenster
Im Schattengitter am Fuß-
Ende des eisernen Bettes.

Ich sehe wieder, was ich höre.
Die Sinne kommen erneut
In ihre Ordnung. Da haben
Alle Dinge ein Herz:
Deines und meines, Deborah . . .

VI

Nach der Entlassung der Rückfall
Ins Ehedem, Einst und so weiter
Bis zum erschütternden Aufprall:

Nichts als die Radsprossenleiter
Zum Trimmen gefangener Mäuse
Im Käfig im Eck im Gehäuse.

VII

Klaus, Mahmud, Fränki und Bernd,
Heinzi, Udo und Böhle
[ständig in Weiß!]. Eine Töle
Verbellt die Angst nur entfernt.
Im Bunker Geflenn und Gegröle.
Wieder einer, der lernt:
Die Hölle ist eng, deine Höhle.

VIII

Prestin sagt: Nenne mich
Presten wie Preston. Die Enter-
Prise. Wir kommen hier jederzeit
Raus. Ich bin hier und auch da,
Tot und lebendig.
Wenn du mich brauchst, Karlstraße 3,
Telepathisch genügt.
In der Klapper besucht meine Mutter
Mich nie. Sie
Hält das nicht aus. Kann man
Verstehn. Heul nicht, Junge,
Versuch dich zu fassen.
Ich werde ganz neu . . .

Prestin wird
Nach Neuruppin entlassen.

IX

. . . die Gemeinschaft der Heiligen,
Auferstehung des Fleisches
Und ein ewiges Leben . . .
Den Glauben hab ich wohl,
Allein, mir fehln die Worte.

X

Der Himmel, den es nicht gibt,
Ist blau in allen Nuancen, grau
In allen Schattierungen,
Rot, rosa, rötlich, bedeckt,
Verhangen, bezogen, pechschwarz,
Übersternt, monderhellt und von Sonne
Überflutet, tief, hoch und sanft,
Weit, eng und flach . . .

Unter dem Himmel, den es auf so viele Arten
Nicht gibt, gibt es doch wenigstens noch
Den Menschen in seiner Art:
In so vielen Arten.

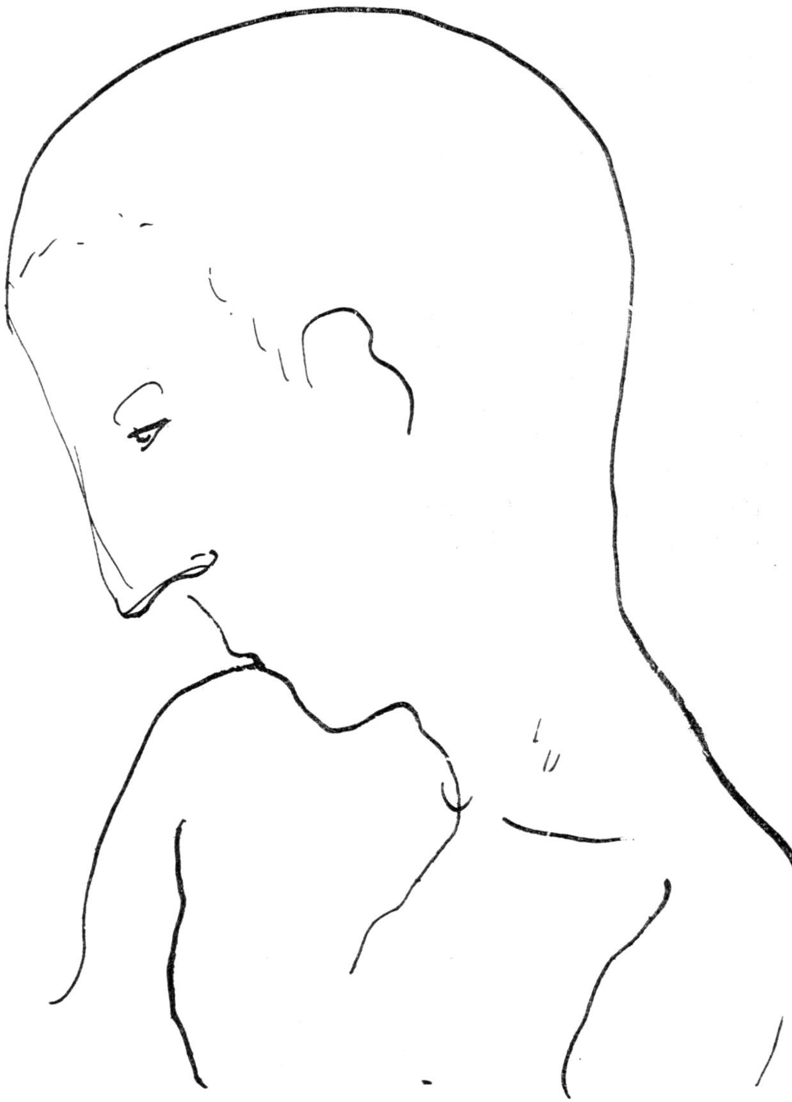

XI

Im verdreckten Paneel, den Gerüchen
Des Aborts, im hallenden Flur
Halten sich flackernde Psychen
Lange noch auf. Meine Uhr
Rennt mit ihnen ums Leben,
Um Kippen und kleineres Geld.
Ich sitze und sehe, wie neben
Mir meine Uhr stürzt und fällt.

Aber das will nichts bedeuten,
CHLORPROTHIXEN hilft mir auf.
Außerdem gehen von Leuten
Immer nur einzelne drauf.
Abend wird es, ich denke
Mir, daß es Morgen ist,
Und spüre die steifen Gelenke
Und sehe: ich werde gehißt.

Ich ging

I

Ich ging, im Traum erwachend, einem Traum,
Der nicht der meine war, entgegen: träumte,
Ich wäre aus dem Traum erwacht, zerschnitt
Mir dabei beide Handgelenke, heulte
Rotz, Blut und Wasser, schrie und hoffte,
Daß wirklich sei, was wirklich schien. Die Fäuste,
Zwei herrenlose Schlegel auf dem dumpfen
Kalbfell der großen Trommel, schlugen
Taktlos die Takte: SOS. Wie unter Wasser
Erinnre ich den Kiel des Schiffs.

II

Wer durchs Tabu geht, ist die Nadel,
Die ihm das eigne Herz durchbohrt. In flachen
Und luftverglasten Kästen alle Arten
Vielfältger Falter. Die Entsetzensschreie,
Perlmuttern schillernd, flattern ins
Lautlose Schwarz umbauten Lochs. Wer durchs
Tabu geht, ist der Staub, zu dem, nur zart
Von Hauch und Hand berührt, zerfällt,
Wer seine Angst, den Kehrhauch der Begierde,
Hermetisch in den Schlaf verschloß.

Tuch

Wie wollte ich sein
Ohne Vergessen, ohne das weiße
Schweißtuch der Angst?

Die maßlos verwüsteten Straßen,
In denen ich gegangen bin,
Erobernd, verteidigend, unterliegend,
Sind, solange wir sind,
Rekonstruierbar.

Wie wollte ich sein
Ohne Erinnern, ohne das bunte
Tuch, einen Zipfel von Josephs Rock?

V

Nymphaea alba
Für Gisela Penndorf

Schwester, ich denke an dich als an eine Weiße Teichrose, die irgendwann die Wasserfläche mit ihrem herzförmigen Schwimmblatt grün überwächst. Ihr weißer Blütenkopf liegt in der Herzkerbe des Blattes. Das hilft ihr, sich über Wasser zu halten.

Täglich, daß heißt über Nacht, verdoppelt sich nun in der Fabel die Fläche des Blattes. Und der Erzähler weiß schon den Tag, den neunundneunzigsten, an dem der Teich ganz übergrünt ist. Und er fragt, ohne ihn zu nennen, nach dem achtundneunzigsten. Erst einen Tag vor dem letzten stehen wir in der Hälfte des Lebens.

Nymphaea alba, ich sehe dich, deine Weiße, dein Grün und das beruhigende Spiegelbild teichumsäumender Kiefern im Wasser, die Wurzeln kopfoben.

Der Unentschiedene horcht ins Leere und hofft ins Schwarze. Ins Schwarze unter dem Nagel der Vernunft. Die hockt mit ihrem grauen Star an den seichten Stellen der aussterbenden Flüsse, die Hände im Uferschlamm. Ansingend gegen das Dunkel, gegen ihren eigenen, länger werdenden Schatten, produziert sie bis in die späte Nacht hinein Gesänge von der Durchsichtigkeit zerschlissener Metaphern.

Jeden Morgen, bevor die Alte der Schlaf flieht, stiehlt sich der Unentschiedene in ihre Nähe und inspiziert ihre leeren, reglosen Hände. Dann treibt ihn die Furcht, sie könnte erwachen oder tot sein, zurück in sein Zögern.

Der Unentschiedene, man weiß es und könnte es wissen, hat keine andere Wahl als den Stabreim.

Die Wahrheit ist eine Staatsratstochter, eine Baronesse von Apennin, im verschlafenen Schloß unter dem gigantisch wuchernden Gestrüpp und Gesträuch verschlafener Möglichkeiten.

Der Koch, gerührt innehaltend im schlagkräftigen Rühren, der Klavierstimmer, stimmehaltend im Stimmen, der Dichter, dichthaltend im Dichten, erwachen nach Jahrhunderten wie nach Minuten, wenn die Wirklichkeit die Wahrheit wachküßt, wachkitzelt, den gelenkigen Zeigefinger auf ihrer Wunde, ihrem Wunder.

Den Küchenjungen trifft – immer Präsens – der Schlag. Das Märchen vom Dornröschen ist der Alptraum der Domestiken.

Am Meer tritt der Inhalt des Steins glänzend zutage: seine leibliche Form. Die geht unausgesetzt schwanger. Mit irgendeiner ins Zeitliche gespülten Idee von dir oder mir.

Eine Ewigkeit lang wartet der Stein auf seine Entbindung im Kreißsaal eines vermenschlichenden Augenblicks, in welchem er stirbt. Deine Hand, so blind und behende sie ihn auch aufliest, ergreift und begreift nichts mehr als seine Versteinerung, allenfalls noch seine Sehnsucht. Die hat eine Tendenz und ist von unterschiedlicher Schwere.

Im Himmel der Steine tritt ihre Form glänzend zutage. Ihr Inhalt sind wir. Und wir sind ganz unten.

Von allen Souffleusen taugt die Wahrheit am wenigsten. Sie weiß: sie weiß mehr als der Text. Immer noch weiß sie es anders und schlimmer.

Vehement entrollst du deine Rolle, bis dir ein Wort entfällt, nur ein Wort. Aber das ist entscheidend. Hilfesuchend blickst du zu ihr und – sie zu dir. Wer, wenn nicht sie, sollte wissen, was nun kommt?! Ihre Ratlosigkeit treibt dich in sie, in ihren tauben Schoß unterm noch unaufgeschnittenen Exemplar einer französischen Übertragung von «Hamlet».

Die Wirklichkeit sieht dich verloren. Schwimmen. Treibend im Strom. Vorbei am Ried, seinen weißen Tampons für die Wunden eines unstillbaren Schweigens.

Zwischenbilanz

Für Trifonow

Bevor ich gestorben bin, habe ich zumindest noch einen Roman nicht geschrieben, ein Kind nicht gezeugt, eine Gedichtsammlung nicht zur Ausgewogenheit gebracht, mehrerer Verantwortlichkeiten gespottet;

eine einzige Liebe wirklich gehegt, mich entzogen, starke und immer stärkere Sachen getrunken, meines Wohlbefindens nicht weiter geachtet, gehurt und beleidigt, mich letztmals des Einverständnisses von Montaigne, Camus, Cocteau und Kunert versichert, mich auf mein Selbst besonnen, das war nichts;

bevor ich gestorben sein werde, werde ich alles vergessen, was mich vergaß. Ewiger Friede ist mit mir nicht zu machen. Es sei denn um den Preis einer weiteren Eroberung. Die Frau von dem Mann von der unfehlbaren Frau steht mir noch aus.

Ich weiß, und das ist das Böse, ich könnte es schaffen. Es sei denn, man brächte mich um.

Das Ende der Gitarren

In memoriam Paul Wiens
Für Hilde und Wytse Noordhof

Die Aufrichtigkeit kennt ein Gebot: den Hunger. Der Hunger ist aufrichtig. Seine Ödeme, von allesverletzender Deutlichkeit, ersetzen die Metaphern in den Gedichten des einundzwanzigsten Jahrhunderts. Sie werden – dafür vermenschliche ich mich! – reimlos sein. Und unausschreibbar. Die Entlastungsschrift für meine Existenz wird unauffindbar bleiben. Ich bin so hartbesaitet. Die Wirbel am Hals meiner Kultur, noch am Boden verhelfe ich ihr zu Resonanz, sind die Drehpunkte meiner logischen Exzesse.

Ich kann nicht so tun, als könnte ich für nichts. Ich kann für alles, wovon ich weiß. Manchmal, nach der Liebe und nach dem Essen, nach dem reichlichen Trinken, kotze ich mich an. Es wäre gelogen, wenn ich sagte, daß ich das wollte.

Die blaubemäntelten Abende in ihren dünnen Fähnchen schauen sich die Augen aus. Warten. Zuletzt auf ein Taxi. Je später sie werden, desto intensiver. Je intensiver, desto unkonzentrierter. So kommen sie unter die schnellen Autos. Gegen Morgen hin zerschleißt sie ohnehin die Dämmerung.

Die blaubemäntelten Abende haben alles und nichts zu bieten. Je nachdem und nach jenem. Ihr Haar ist dünn und nur manchmal wie Seide. Das kitschige Mond-und-Sterne-Dessin ihrer Fähnchen vergißt sich unterm kräftigen Anschlag deiner Hände. Wenn's hochkommt, wölbt sich unter Tastaturen und Klaviaturen eine Ahnung von Nacht. Wortreich und melodisch.

Das Ende der blaubemäntelten Abende ist schrecklich und unbeschreibbar. Erst singen die Vögel, dann ertauben die Augen, versagt das Gehör, erblindet der Mund. Und Sonne geht auf. Wie immer und nie.

Widerspruch

Sprüche sind die Fassadenkletterer unter den Worten. Die hohe Akrobatik vernebelt den niederen, ursprünglichen Zweck ihres Aufstiegs: einzubrechen und auszuräumen. Wer sich einläßt auf sie, den lassen sie kaum noch aus.

Jegliche Poesie geht nach Spruch wie nach Brot. Doch käme sie an, wäre sie verloren. Beredt und gesättigt, zitierbar. Gelobt sei, was verhindert. Wenn es verhindert, verhindert es auch die Verhinderung.

Das Grüne grünt – ergo sum.

Carmen-Sylva-Straße. Balkone: dieser äußerste Luxus fallsüchtiger Häuser.

Tagsüber spreche ich mit der Taubstummen auf gleicher Höhe über die üppig aufschießenden Wicken und Winden in meinen Kästen. Die Vögel, die nachts zwischen zwölf und halb zwei weit unter mir lautlos die Straße durchfliegen, erinnern mich an die trunkenen blauen Versuche des Michel de Montaigne. Ihre Beweiskraft tragen sie auf zwei Flügeln davon. Mich beweist nichts. Das Auslöschen der Straßennamen und das Registrieren meiner Personalien sind ein und dergleiche Vorgang im zerbombten und zugleich schon wieder überquellenden Aktenschrank des halben Jahrhunderts, in dem alles geschah und geschieht, was dich und mich wirklich angeht.

Du gibst ein Zeichen. Ich mißdeute es. Du verstehst, daß ich es mißdeute. Du mißverstehst, daß ich es deute. Ich verstehe, daß du verstehst, nicht verstehst, und ziehe mich ins uneinsehbar gewordene Gehäuse zurück. Adaptiere entsetzt den Satz des vorgeborenen Dichters: Wenn mein Unglück aussetzt, bin ich verloren.

Slapstick

Für Bernd Leistner

Endler wollte endlich mal wieder lustige Gedichte schreiben. Ich auch. Dann kam das mit den Malwinen, der lähmenden Hitze, Beirut. [Immer kommt uns was dazwischen. Zumeist eine mittlere Katastrophe von interkontinentalem Ausmaß.]

Eines grauen Montags trafen wir uns zufällig Stargarder Ecke Duncker. Schüttelten, ehe wir sie hängenließen, unsre mehr oder minder bärtigen Köpfe. Ich gab ihm Feuer für seine Karo und sah noch, wie hinter ihm plötzlich das Ende einer in Kopfhöhe horizontal geschwenkten Leiter auftauchte und Endler, bevor ihn was treffen konnte, sich nichtsahnend bückte. Ich sah dann nichts mehr, fiel einfach nur um. Als ich zu mir kam, kicherte Endler noch immer in seinen Bart, reichte mir die Hand und half mir auf. Kaum stand ich, sackte ich wieder weg. Da traf Endler das Ende der Leiter voll ins Gesicht. Ich mußte lachen, als Endler so dalag. Schließlich rappelten wir uns auf und rannten mit eingezogenen Köpfen zwischen den hupenden, bremsenden Autos hindurch auf die andere Seite der Straße.

Da sahen wir dann das urkomische Schauspiel, dargeboten von zwei leiterbewehrten Akteuren der Berliner Stadtreinigung und etlichen ratschlagenden Passanten als Statisten. Die beiden Dämlacks brachten es einfach nicht fertig, die drei oder vier Quadratkilometer himmelblauen Deko-Stoffs exakt über dem Viertel der Stadt auszuspannen, in dem Endler und ich wohnen. Entweder fiel ihnen die Leiter um oder ein Zipfel des endlich nach oben gebrachten Tuchs aus den Händen.

Irgendwie

An K. C. H.

Das gute Gedächtnis wird, wenn es nachläßt, irgendwie besser. Die Hoffnung gewinnt, wenn sie schwindet, irgendwie an Gewicht. Irgendwie nimmt die Liebe ab, wenn sie da ist. Die Wahrheit verliert irgendwie, wenn sie sticht . . .

Ich könnte beliebig fortfahren mit diesen Sätzen, die meine verfahrenen Erfahrungen umschreiben. Ich will aber irgendwie hier bleiben. Festgenagelt und festnagelbar.

INHALT

I

II

III

ISBN 3-372-00278-4

2. Auflage · 1989

Lizenz-Nr. 395/3933/89 · LSV 7005
Printed in the German Democratic Republic
Gestaltung: Friederike Pondelik
Gesamtherstellung: Union-Druck, Halle (Saale)
699 986 8
00880